O MUSEU SECRETO

UM MUSEU INTEIRO PARA VOCÊ COLORIR

Texto de acordo com a nova ortografia

Edição e artes: Ivan Pinheiro Machado
Capa e foto da capa: Ivan Pinheiro Machado (Sala da *Mona Lisa*, Museu do Louvre, Paris)
Foto da contracapa: © OPOLJA / Shutterstock
Montagem da capa: Carla Born

CIP-Brasil. Catalogação na publicação
Sindicato Nacional dos Editores de Livros, RJ.

M762

O museu secreto: um museu inteiro para você colorir / (edição Ivan Pinheiro Machado) – Porto Alegre, RS: L&PM, 2015.
64 p. ; 24 cm

ISBN 978-85-254-3259-9

1. Arteterapia. 2. Livros de arte. 3. Livros para colorir. I. Machado, Ivan Pinheiro. II. Título.

15-22576 CDD: 741.5
CDU: 087.5

Rua Comendador Coruja, 314, loja 9 – Floresta – 90220-180
Porto Alegre – RS – Brasil / Fone: 51.3225.5777 – Fax: 51.3221.5380

Pedidos & Depto. Comercial: vendas@lpm.com.br
Fale conosco: info@lpm.com.br
www.lpm.com.br

Impresso no Brasil
Outono de 2015

ARTE♦TERAPIA

O MUSEU SECRETO

UM MUSEU INTEIRO PARA VOCÊ COLORIR

Edição e artes de Ivan Pinheiro Machado

VEJA NO FINAL DO LIVRO AS OBRAS ORIGINAIS A CORES

L&PM EDITORES

Salão da Rue des Moulins (Óleo sobre tela, 111 x 132 cm, 1894, Museu Toulouse-Lautrec, Albi, França)

Henri Toulouse-Lautrec (Albi, França, 1864 – Malromé, França, 1901) é um dos grandes nomes fundadores da arte moderna. Embora não tenha se filiado a nenhuma "escola", seu estilo inovador trazia para a pintura a vida cotidiana. Além de pintor, foi precursor na arte dos cartazes. Quase toda a sua produção retratou de forma caricatural, poética e expressiva os personagens da noite parisiense, artistas, boêmios e prostitutas.

Reine de Joie – Henri Toulouse-Lautrec (Cartaz, litografia a cores, 136,8 x 93,3 cm, 1892)

Desenho concebido para a divulgação do lançamento da novela do escritor Victor Joze, um polonês que residia em Paris e circulava nos meios boêmios da cidade.

HLautrec
Reine de Joie
par
Victor Joze
chez tous les
libraires

O Beijo (Óleo sobre tela, 180 x 180 cm, 1908, Österreichische Galerie, Viena, Áustria)

Gustav Klimt (Baumgarten, Áustria, 1862 – Viena, Áustria, 1918) tinha um estilo gráfico extraordinariamente sofisticado, além de desenhista virtuoso que se caracterizou por composições bastante complexas e maravilhosamente decorativas. Foi também um grande retratista. Opositor da pintura acadêmica ainda em voga na época, tornou-se um dos mestres do estilo que ficou conhecido como Art Nouveau.

Os dois saltimbancos (Óleo sobre tela, 73 x 60 cm, 1901, Museu Pushkin, Moscou, Rússia)

Pablo Picasso (Málaga, Espanha, 1881 – Mougins, França, 1973) foi o pintor e escultor mais célebre do século XX, sendo um dos grandes responsáveis pela popularização da arte moderna. Com Georges Braque criou o cubismo, movimento que influenciou todas as tendências modernas e contemporâneas. O quadro "Os dois saltimbancos (Arlequim e sua companheira)", de 1901, é o exemplo da primeira grande fase de Picasso, conhecida como "período azul".

Picasso

Guernica – Pablo Picasso (Óleo sobre tela, 349 x 776 cm, 1937, Museu Nacional Centro de Arte Reina Sofía, Madri, Espanha)

Em 26 de abril de 1937, a aviação nazista, apoiada pelo ditador Francisco Franco, bombardeou o pequeno povoado de Guernica, no País Basco, Espanha. Centenas de civis morreram. Picasso decidiu retratar a barbárie no quadro que foi exposto em Paris, na Exposição Internacional de 1937. Após a exposição, o quadro foi para o MoMA em Nova York, onde, a pedido de Picasso, esteve até a morte do ditador Franco e a volta da democracia à Espanha.

Cabeça de mulher com chapéu – Pablo Picasso (Litografia a cores, 63 x 53 cm, 1962)

O tocador de pífaro (Óleo sobre tela, 161 x 97 cm, 1866, Museu d'Orsay, Paris, França)

Édouard Manet (Paris, França 1832-1883) é um dos precursores da arte moderna, tendo influenciado diretamente o impressionismo pelo seu rompimento com a arte acadêmica. Seus motivos eram tirados da vida cotidiana e sua estética realista era carregada de contrastes, cores e simplificações formais.

Salon des Cent (Cartaz impresso, 64,1 x 43,1 cm, 1896)

Alphonse Mucha (Ivancice, República Tcheca, 1860 – Praga, República Tcheca, 1939) produziu uma obra de intensa originalidade que se caracterizou pela sofisticação, elegância e complexidade das composições. É um dos precursores do estilo Art Nouveau. Desenhou dezenas de vitrais decorativos e principalmente cartazes, arte na qual é considerado um dos grandes mestres.

ALON
des
XXme
EXPOSITION
DU
SALON des CENT
Mucha

Persistência da memória (Óleo sobre tela, 24 x 33 cm, 1931, Museu de Arte Moderna de Nova York, Estados Unidos)

Salvador Dalí (Figueras, Espanha 1904-1989), além de um grande pintor, foi um "performer" que encarnou o personagem surrealista Dalí, com olhos sempre arregalados nas fotos e longos bigodes com pontas muito finas. Grande desenhista e com um fantástico domínio da técnica, foi um dos mais importantes pintores surrealistas e, seguramente, o mais célebre de todos.

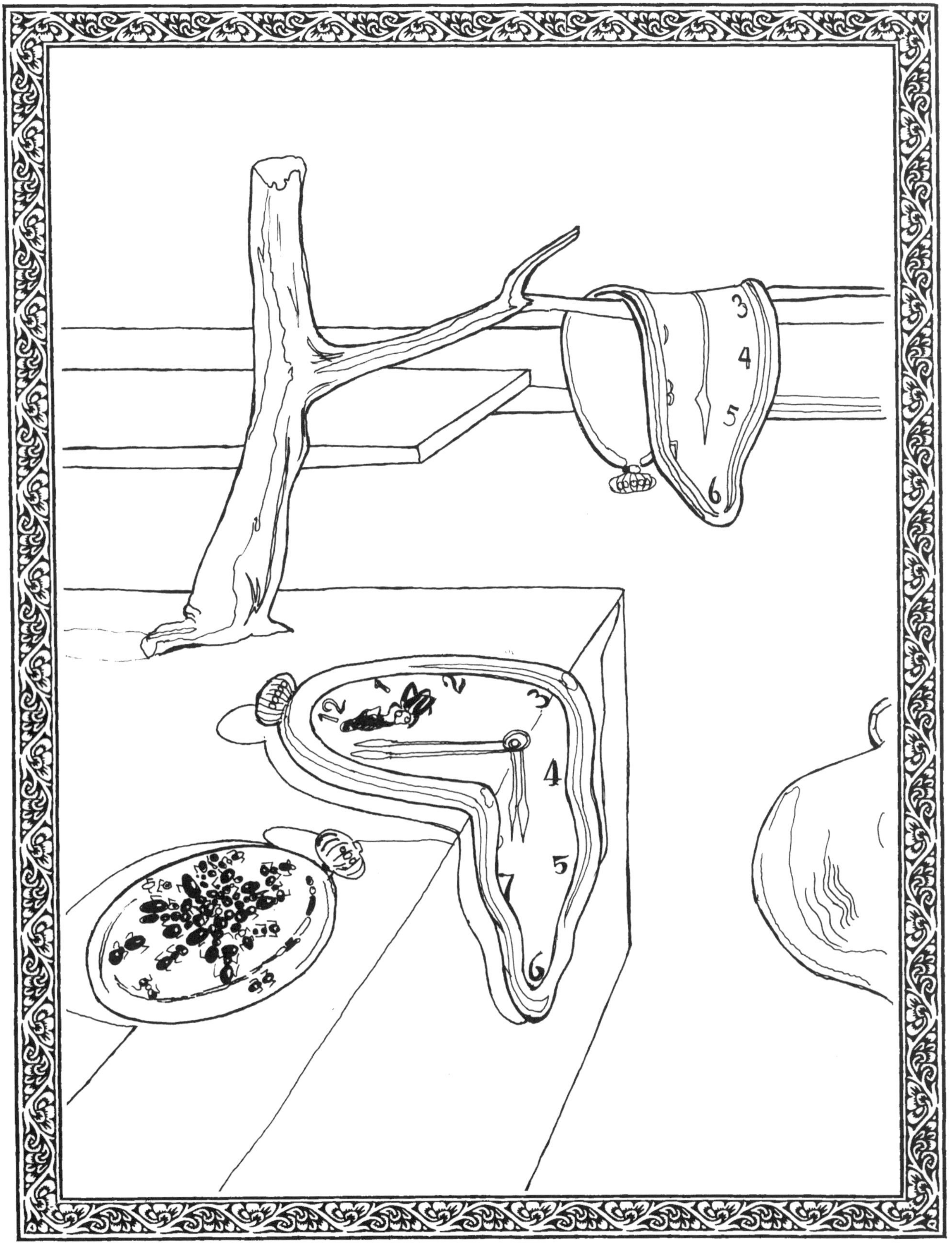

Mulher, pássaro, estrela (homenagem a Picasso) (Óleo sobre tela, 245 x 170 cm, 1973, Museu Nacional Centro de Arte Reina Sofía, Madri, Espanha)

Joan Miró (Barcelona, Espanha, 1893 – Palma de Maiorca, Espanha, 1983) é um dos mais populares pintores do século XX. Seu traço singular, o colorido vivo e as figuras gráficas esvoaçantes são inconfundíveis. Teve uma interpretação muito pessoal do movimento surrealista, com sua aproximação do abstracionismo, colorismo e leveza das formas.

Miró

Natureza morta com maçãs (Óleo sobre tela, 65 x 81 cm, 1893 – 1894, Getty Center, Los Angeles, Estados Unidos)

Paul Cézanne (Aix-en-Provence, França, 1839-1906) forma com Paul Gauguin e Van Gogh os pilares da arte moderna, que espantaria o mundo a partir do final do século XIX. Suas composições, sólidas e sintéticas, abriram caminho para o cubismo de Picasso e Georges Braque, um dos movimentos artísticos mais influentes do século XX.

Mona Lisa (Óleo sobre tela, 77 x 53 cm, 1503 – 1506), Museu do Louvre, Paris, França)

Leonardo da Vinci (Florença, Itália, 1452 – Amboise, França, 1519) foi cientista, engenheiro, inventor, pintor, escultor, arquiteto, poeta e músico. Pela multiplicidade de talentos e realizações, é considerado um dos maiores gênios da história da humanidade. Como pintor deixou uma obra pequena, mas de grande qualidade artística. "Mona Lisa", seu quadro mais famoso, é a obra de arte mais célebre, mais reproduzida e comentada de todos os tempos.

Lata de sopa Campbell's (serigrafia com tiragem de 250 cópias assinadas, 92 x 61 cm, 1968, editada por Factory Additions, autorização de Neue Galerie – coleção Ludwig, Aachen, Alemanha)

Andy Warhol (Pittsburgh, Estados Unidos, 1931 – Nova York, Estados Unidos, 1987) foi pintor, gravador e cineasta. Ficou famoso por ser um dos criadores da Pop Art, movimento que incorporou à arte tradicional objetos de consumo e do cotidiano. Através da serigrafia, criou o conceito de reprodução das obras como uma alternativa à "obra única". Transformou em arte imagens da sopa Campbell e outros produtos de consumo. Fez uma série de serigrafias com Marilyn Monroe, Elizabeth Taylor, Mick Jagger, Mao Tsé-Tung, Elvis Presley, Jackie Kennedy, entre muitas outras celebridades.

Campbell's
CONDENSED
EXPOSITION UNIVERSELLE INTERNATIONALE
1900
TOMATO
SOUP

Marilyn – Andy Warhol (Serigrafia sobre tela, 101 x 101 cm, 1964, Thomas Ammann, Zurique, Suíça)

A atriz Marilyn Monroe, após sua morte, foi eleita por Andy Warhol como o grande modelo de suas experimentações pop. Simbolizando o fenômeno midiático, Marilyn foi tema de dezenas de séries de serigrafia e obras em tela.

A igreja de Auvers-sur-Oise (Óleo sobre tela, 94 x 74 cm, 1890, Museu d'Orsay, Paris, França)

Vincent van Gogh (Groot Zundert, Países Baixos, 1853 – Auvers-sur-Oise, França, 1890) exerceu uma profunda influência sobre a evolução da arte do século XX, pela importância das inovações formais e expressivas (cor, matéria, gestualidade, composição) que introduziu. Sua visão atormentada do mundo foi colocada com genialidade em cada uma das 800 pinturas ele produziu.

Autorretrato com a orelha cortada – Vincent van Gogh (Óleo sobre tela, 60 x 49 cm, 1889, Instituto de Arte Courtauld, Londres, Inglaterra)

A grande onda de Kangawa (Gravura, 25 x 37 cm, 1830-1833, vários museus do mundo)

Katsushika Hokusai (Tóquio, Japão, 1760-1849), mestre na arte da *ukyio-e* (xilogravura), é autor desta obra que tornou-se a mais famosa da arte japonesa. Faz parte da célebre série "36 vistas do monte Fuji" do mesmo Hokusai que influenciou confessadamente pintores como Van Gogh, Manet, Klimt, Renoir, entre outros.

冨嶽三十六景 神奈川沖 浪裏

Mulher penteando o cabelo, *Kamisuki* (Xilogravura, 44,8 x 34,8 cm, 1920, British Museum, Londres, Inglaterra)

Hashiguchi Goyo (Tóquio, Japão 1880-1921), mestre na arte da gravura, é considerado um dos maiores artistas japoneses do início do século XX, justamente por retratar o Japão ancestral no limiar da época em que o país, que era extremamente isolado, abriu-se para a cultura ocidental.

Nu reclinado (Óleo sobre tela, 60 x 92 cm, 1917, Staatsgalerie, Sttutgart, Alemanha)

Amedeo Modigliani (Livorno, Itália, 1884 – Paris, França, 1920), pintor e escultor de formação clássica, desenvolveu um estilo muito pessoal. Primeiro, foi influenciado por máscaras negras africanas e gregas arcaicas, depois, pela pintura de Gauguin, Cézanne e Van Gogh. Morreu muito jovem e deixou uma obra basicamente composta por retratos que se caracterizam pela suave melancolia e elegância dos traços.

Olympia – Édouard Manet (Óleo sobre tela, 130 x 190 cm, 1863, Museu d'Orsay, Paris, França)

Exposta no Salão de Paris em 1863, "Olympia" causou um escândalo sem precedentes no meio artístico da época. Execrada pelos críticos conservadores que dominavam a imprensa, foi acusada de imoral e vulgar, merecendo da curadoria do salão um cuidado especial para que não fosse danificada. Émile Zola defendeu a obra em meio à polêmica, qualificando-a de "obra-prima".

Quando te casas? (Óleo sobre tela, 101 x 77 cm, 1892, Kuntsmuseum Basel, Basileia, Suíça)

Paul Gauguin (Paris, França, 1848 – Ilhas Marquesas, Polinésia Francesa, 1903), com Paul Cézanne e Vincent van Gogh, foi um dos pilares da arte moderna. Influenciou vários movimentos como o fauvismo, expressionismo e cubismo. Excêntrico, solitário e depressivo, passou os últimos dez anos de sua vida isolado no Taiti ("Pátria da liberdade e da beleza", como ele dizia), onde produziu centenas de extraordinários trabalhos.

No. 22 – Pássaro/peixe (Nanquim, lápis de cor, aquarela sobre papel, 35 x 27 cm, 1938, Museu Escher, Haia, Holanda)

Maurits Cornelis Escher (Leeuwarden, Holanda, 1898 – Laren, Holanda, 1972) foi um grande artista gráfico. Suas pesquisas buscavam a ilusão de ótica e a capacidade do desenho de representar figuras que alinhadas geometricamente criavam novas figuras, numa sequência que tende ao infinito.

Composição com azul, amarelo e vermelho (Óleo sobre tela, 60 x 90 cm, 1930, Centro Georges Pompidou, Paris, França)

Piet Cornelius Mondrian (Amersfoort, Holanda, 1872 – Nova York, Estados Unidos, 1944) ficou célebre pelos quadros simétricos e geométricos no estilo que ficou conhecido como "neoplasticismo". Influenciou a expansão do abstracionismo como um dos estilos mais populares e recorrentes na segunda metade do século XX, além de ter influenciado o design, a publicidade e a moda neste período. Esta "Composição com azul, amarelo e vermelho" é emblemática no seu trabalho como pintor.

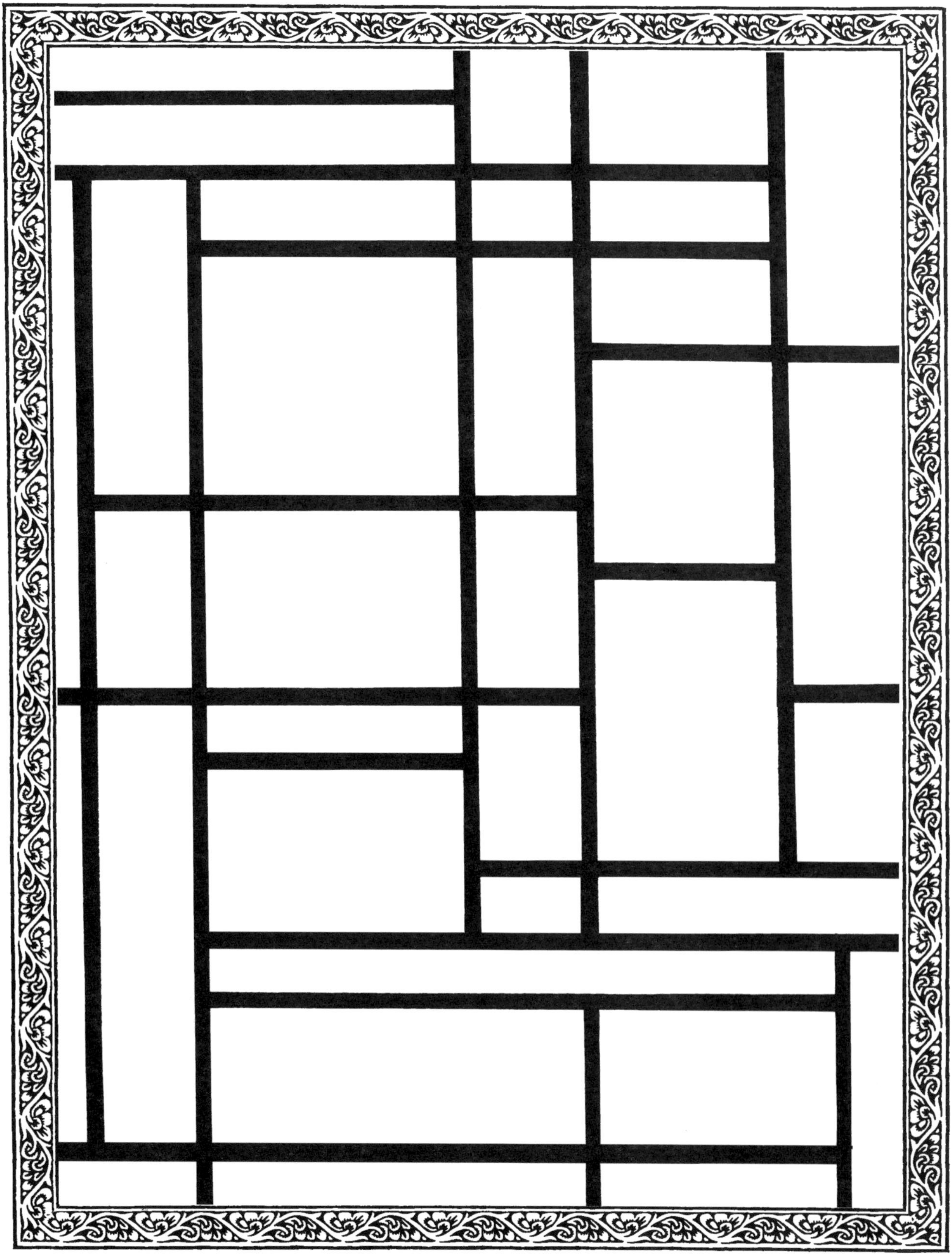

Os três músicos (Óleo sobre tela, 238 x 230 cm, 1930, Museu Nacional Fernand Léger, Biot, França)

Fernand Léger (Argentan, França, 1881 – Gif-sur-Yvette, França, 1955) foi pintor, escultor, desenhista e ceramista. Teve uma grande importância no movimento modernista. No começo do século XX esteve entre os precursores do cubismo, com Picasso e Braque. Sua obra destacou-se pelo colorismo, pela temática social e pelas formas arredondadas que ele utilizava a ponto de declarar: "Não sou cubista, sou *tubista*".

Sweet dreams baby! (Serigrafia, 65 x 90 cm, 50 cópias assinadas, 1965)

Roy Lichtenstein (Nova York, Estados Unidos, 1923-1997) foi um dos grandes representantes da Pop Art. Procurou retratar a sociedade de consumo, a vida urbana e os grandes fenômenos midiáticos. Seus trabalhos mais famosos são a grande série na qual procurou reproduzir a linguagem e a estética das histórias em quadrinhos.

SWEET DREAMS, BABY!
POW!

Pistol – Roy Lichtenstein (Serigrafia, 40 x 40 cm, 1968, vários colecionadores)

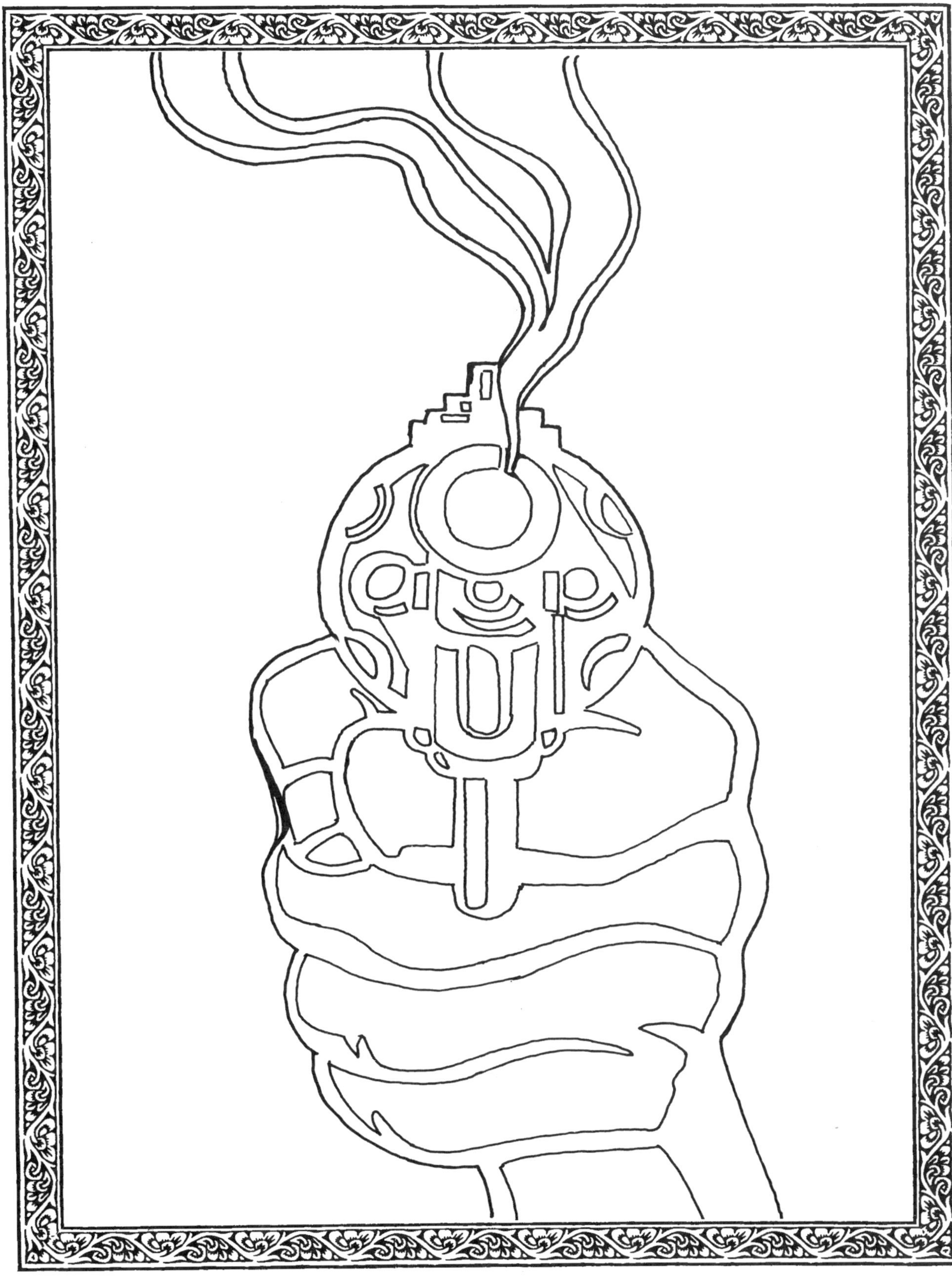

Mantilha vermelha (Óleo sobre tela, 100 x 81 cm, 1907, Barnes Foundation, Filadélfia, Estados Unidos)

Henri Matisse (Le Cateau-Cambrésis, França, 1869 – Nice, França, 1954), pode-se dizer, foi um dos pioneiros da arte moderna. Seu colorismo exagerado, suas formas leves e ritmadas influenciaram mestres como Picasso e criaram as bases do movimento fauvista, que explorava as cores vivas e brilhantes.

Todas as obras originais como referência para você colorir

Pg. 5

Pg. 7

Pg. 9

Pg. 11

Pg. 13

Pg. 15

Pg. 17

Pg. 19

Pg. 21

Pg. 23

Pg. 25

Pg. 27

Pg. 29

Pg. 31

Pg. 35

Pg. 33

Pg. 37

Pg. 39

Pg. 41

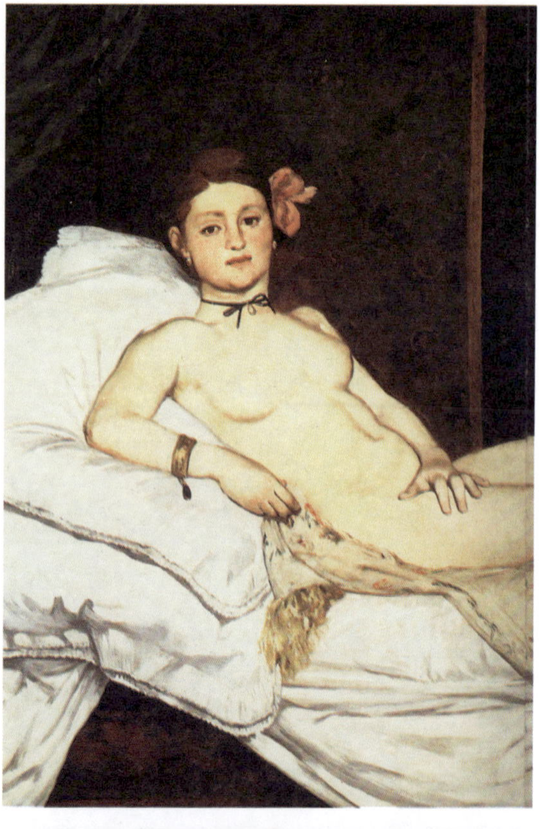

Pg. 43

Pg. 47

Pg. 49

Pg. 55

Pg. 51

Pg. 53

Pg. 45

Pg. 57

IMPRESSÃO:

GRÁFICA EDITORA Pallotti IMAGEM DE QUALIDADE

Santa Maria - RS - Fone/Fax: (55) 3220.4500
www.pallotti.com.br